p. 7.

p. 11 -

p. 14

p. 19 → prise parole auteur

p. 21 → notion Kant

p. 22-23 → Notion moral, vie heureuse

p. 24-25 → point de vue auteur

p. 26-27

p. 48 → Progrès

p. 49 → satyre → culture popu.

p. 50 → reproche religion

p. 52 → idéalisme

Ch. 2 → Choses Bonnes / Mauvaise

p. 57 Bonnes actions

p. 58 Mauvaises actions

p. 60 → notion valeurs

p. 63 → bêtise

p. 67 → Dangers

p. 72 → Richesse

Ch. 3 → Anthropologie

p. 77, 76 → Limites / Moyens

p. 93 → notion litérature

Ch. 4 → Vue d'ensemble

p. 109-111 → citations

p. 112-113 → notion bonheur

p. 117 → titre oeuvres philo.

p. 115 → Et si?

Hiérarchies

Louis Godbout

Hiérarchies

Liber

Les éditions Liber reçoivent des subventions du Conseil des arts du Canada, de la Société de développement des entreprises culturelles (SODEC) et participent au programme de crédit d'impôt-Gestion SODEC pour l'édition de livres du gouvernement du Québec.

Illustration de la couverture : lac de Silvaplana, ©Julie Bradet

Dépôt légal : 3e trimestre 2010
Bibliothèque et archives nationales du Québec

ISBN 978-2-89578-259-9
ISBN e-pub 978-2-89578-260-5

INTRODUCTION

« Tous les hommes désirent naturellement savoir. » C'est sur cette note d'optimisme que s'ouvre *La métaphysique* d'Aristote. On n'en attend pas moins d'un philosophe, encore moins du plus curieux d'entre tous. Est-il nécessaire de se réclamer de si haute autorité ? Que la connaissance vaille mieux que l'ignorance, la vérité mieux que l'erreur, la réalité mieux que la fiction, cela ne va-t-il pas de soi ? Pour le philosophe, peut-être ; pour l'homme en général, rien n'est moins sûr.

Car si on peut à la rigueur concéder que les hommes désirent parfois savoir — et même qu'il en est chez qui ce désir l'emporte sur les autres —, on doit reconnaître aussi que la plupart désirent d'autres choses davantage encore, le bonheur, la sécurité, le réconfort, pour n'en nommer que quelques-unes. Or il n'est pas certain que le savoir soit toujours la meilleure voie pour y parvenir. À en juger par l'empire de la croyance et de la superstition, aussi vaste aujourd'hui qu'au temps du Stagirite, il semble plutôt certain qu'il ne l'est pas ou, du moins, qu'il n'apparaît pas tel au plus grand nombre.

Le savoir est peut-être préférable à l'ignorance, mais l'ignorance l'est sans doute au demi-savoir[1], entendu non pas au sens de savoir la moitié des choses, mais de savoir les choses à moitié. Or quelle ironie que la phrase d'Aristote se trouve en tête d'un ouvrage qui porte sur des choses — les causes premières, l'être en tant qu'être — que nous sommes fatalement condamnés à ne connaître qu'à moitié, et encore. Est-ce à dire que le plus grand nombre, qui en ces matières choisit généralement la croyance contre le savoir, fait preuve d'une plus grande sagesse qu'Aristote ? En toute justice, lui-même croyait que l'examen rationnel ne peut régresser indéfiniment, que tôt ou tard, « il faut s'arrêter[2] ». Sur ce point, le peuple est aristotélicien ; seulement, il s'arrête un peu plus tôt.

La méfiance à l'endroit de la philosophie prend sa source ici. Sur les grandes questions, l'existence de Dieu, de l'âme, du Bien et du Mal, etc., on lui

---

1. Rappelons les vers d'Alexander Pope : *A little learning is a dangerous thing; Drink deep, or taste not the Pieran spring*, « Un peu de savoir est une chose dangereuse ; Buvez jusqu'à la lie, ou ne goûtez pas de la source de Piérie » (*An Essay on Criticism*).

2. Voir, par exemple, *Métaphysique* Λ 1070 *a* 4 ; *Physique* VIII 256 *a* 29.

reproche — elle se le reproche elle-même — de ne pouvoir faire mieux qu'un travail critique, de n'avoir d'autre certitude à livrer que celle de ses doutes et de ses propres limites, bref, de ne pouvoir faire que la moitié du chemin. Et on préfère à bon droit le « je crois » au « que sais-je ? », surtout lorsque des enjeux pratiques sont en cause, lorsqu'il est question des valeurs qui structurent la vie individuelle et sociale.

Car après avoir rasé l'édifice des certitudes, la critique ne laisse derrière elle qu'un axe horizontal où valeurs et cultures sont distribuées dans l'indifférenciation. On a beau lui adjoindre les impératifs flous d'ouverture à la différence et au dialogue, on ne parviendra jamais à conjurer tout à fait le spectre du relativisme. Le raisonnement qui fait peur est simple : si les faits ne contiennent pas d'autorité transcendante, l'éthique ne saurait contenir de prescriptions absolues. Et sans prescriptions absolues, comment échapper au nihilisme relativiste ? Si Dieu n'existe pas, tout n'est-il pas, en effet, permis ?

Heureusement, la vie n'attend pas les conclusions de la philosophie. De sorte que le relativisme éthique demeure une position sans réel prolongement dans l'expérience. Du moins si on regarde l'expérience de près, à la distance où elle est réellement vécue, et non derrière le verre rapetissant de l'intellectuel. À cette distance, il est manifeste que personne ne vit en relativiste[3]. Pourquoi ? Parce que vivre, comme dirait Nietzsche, c'est évaluer. Il n'y a pas que nos paroles, il y a aussi notre corps, nos affects qui cent fois par jour adjugent et traduisent des hiérarchies. Car nous sommes quelque chose et non pas rien ou n'importe quoi, et puisque nous sommes quelque chose, tout ne nous convient pas également, tout n'est pas également propice à notre épanouissement. Tout être humain est, ou devrait être, un principe de sélection.

3. Que dire alors de la célébration de la différence et de la « multiculturalité » dont s'enorgueillissent les sociétés occidentales ? Ne s'agit-il pas là d'une conséquence très concrète du relativisme éthique ? Oui si elle était dénuée de charge affective, si, au lieu d'être célébrée, elle s'imposait froidement comme la conclusion d'un syllogisme ou résultait d'une indétermination face à la diversité des valeurs. Mais telle qu'elle existe, du moins dans sa version ascendante, elle constitue elle-même l'affirmation d'une valeur. Ce qui est célébré dans l'ouverture à la différence, ce ne sont pas les différences elles-mêmes, pour ce qu'elles valent individuellement, mais la richesse de l'ouverture qui, loin d'être une conséquence du relativisme, marque un nouveau progrès dans notre compréhension des conditions concrètes de la réalisation de cet « absolu » humaniste, de ce souverainement désirable, qu'est la liberté. Il y a une autre version de cette célébration, il est vrai, qui se présente comme une conséquence plus directe du relativisme théorique, mais dont l'enracinement dans la mauvaise conscience et le ressentiment est trahi par la virulence de son pathos critique et négateur : il n'y a pas de vérité, personne ne détient la vérité, et nous pas plus que les autres, *surtout pas nous*...

Le relativisme ne signifie évidemment pas que les humains n'agissent pas selon des valeurs bien réelles à leurs yeux, mais seulement qu'aucun discours ne peut légitimement établir de hiérarchie entre elles. Il ne décrit pas un état de fait, mais exprime un constat méta-éthique, d'où s'ensuit une impasse théorique. Au niveau de l'expérience vécue, toute valeur constitue une ordonnée et affirme un ordre hiérarchique. Il en va de même de cette fameuse « crise des valeurs » qui caractériserait notre époque : il s'agit avant tout d'un problème pour l'intellectuel — ou pour le citoyen « éclairé », c'est-à-dire ici déboussolé par le discours des intellectuels — qui, encore métaphysicien malgré lui, refuse toute portée universelle à une éthique qui ne serait pas fondée dans l'absolu. Ce que la vie de tous les jours montre, c'est que l'éthique n'a jamais eu besoin de la philosophie (ou de la religion) pour fonder ses principes et même n'y a jamais eu recours. Hegel avait certainement raison sur ce point : la philosophie arrive après le fait, « trop tard[4] ». Aussi la ruine des fondements

4. « Pour dire encore un mot sur la prétention d'enseigner comment doit être le monde, nous remarquons qu'en tout cas, la philosophie vient toujours trop tard. En tant que pensée du monde, elle apparaît seulement lorsque la réalité a accompli et terminé son processus de formation. [...] Lorsque la philosophie peint sa grisaille dans la grisaille, une manifestation de la vie achève de vieillir. [...] Ce n'est qu'au début du crépuscule que

imaginaires de l'éthique (dogmes religieux, principes métaphysiques) ne menace-t-elle aucunement l'univers concret des valeurs.

En matière éthique, c'est faire trop d'honneur à la philosophie, au discours théorique en général, que de s'en méfier. C'est tomber sous le coup de sa propre surestimation de son importance et de son influence sur la vie. Cela résulte en partie du fait que la conscience commune n'est pas totalement indifférente à la conscience philosophique. Parce qu'elle partage avec elle le souci du fondement, et sentant que la croyance n'est pas tout à fait à la hauteur de la tâche, elle ne s'est pas gênée pour solliciter son appui, lui reconnaissant implicitement une compétence qui l'embarrasse maintenant qu'elle pointe en direction du scepticisme.

Il y a tout de même quelque chose de réjouissant dans cet hommage que tous rendent à la raison, même si, en l'occurrence, le fondement est ailleurs.

Le relativisme, donc, comme l'angoissante conclusion de Dostoïevski, ne sont que des demisavoirs et, à ce titre, de simples épouvantails. Si l'éthique se réglait sur l'univers abstrait de la métaphysique et de la logique, il y aurait en effet péril en la demeure, et le relativisme serait plus qu'une simple question philosophique. Mais c'est

---

la chouette de Minerve prend son vol» (*Principes de la philosophie du droit*, trad. A. Kaan, Paris, Gallimard, «Tel», 1940, préface, p. 45).

vers la vie concrète que nous devons nous tourner — que nous nous tournons effectivement — pour fonder nos valeurs et non vers le fantasme d'une quelconque transcendance ou d'une rationalité universelle. Dieu est mort, oui tout est relatif, oui tout est permis, mais ce qui est relatif ou permis dans l'absolu ne détermine pas ce que nous sommes et voulons concrètement. Le métaphysiquement possible ou légitime est une catégorie beaucoup trop vaste pour encadrer utilement l'agir humain. Pour le dire autrement, et contrairement à l'argument classique[5], il faut déduire ce qui doit être à partir de ce qui est. Comment faire autrement ? Ce que nous désirons pour nous-mêmes, pour la société et pour l'humanité en général constitue notre seul repère. Et il suffit largement.

Mais le problème qu'on vient de mettre à la porte ne rentre-t-il pas ainsi par la fenêtre ? Si les valeurs doivent se régler sur les désirs, ne varieront-elles pas au gré de ceux-ci, au gré des individus, des sociétés, des époques ? Et en l'absence d'un principe transcendant ou objectif, ne risque-t-on pas de tout légitimer ? Aurait-on tout simplement troqué le relativisme des valeurs contre celui des désirs ? Il s'agit toujours du même sophisme, de la

5. Selon lequel on ne pourrait conclure de l'être au devoir-être (*one cannot derive ought from is*) ; voir David Hume, *Traité de la nature humaine*, livre III, partie 1, section 1.

même abstraction théorique. Le champ des désirs réels, ou disons humainement possibles, est plus restreint que celui des désirs absolument permis. L'esprit humain n'est pas une table rase sur laquelle les différences culturelles pourraient improviser à l'infini. Qu'on s'y fasse : les constantes évidentes qu'on retrouve sous le voile bariolé des cultures ne sont pas toutes dues à l'hégémonie de la culture américaine ! Il n'y a tout simplement pas autant de désirs qu'il y a d'individus, pas autant de systèmes de valeurs que de cultures. Il ne s'agit pas de nier la diversité, mais de reconnaître qu'elle résulte en grande partie d'évolutions diverses et contingentes de quelques tendances fondamentales.

Commençons par l'évidence : tout être humain aspire au bonheur. Et tous s'entendent à peu près sur ses conditions élémentaires : un certain degré de liberté, d'égalité et de justice, l'élimination de l'oppression, de l'exploitation, de la cruauté et de la violence, la possibilité d'un travail réglé, d'une vie prospère, etc. Voilà déjà une liste de valeurs fondamentales, qui pour nous sont tout sauf relatives. Et sur quoi repose cette primauté ? Pourquoi ces valeurs plutôt que d'autres ? Parce que nous sommes ainsi faits, on pourrait presque dire — osons le mot — parce que notre nature nous les prescrit[6]. Com-

6. Au sens général où il est employé ici, le mot de nature renvoie à l'ensemble des caractéristiques et des facultés de l'être humain et non pas à sa nature « instinctuelle » ou « ani-

ment en être sûr ? Car une longue et douloureuse expérience nous en a fait la démonstration. Si bien que nous *savons* aujourd'hui que ces valeurs, et non les aberrations issues de la bêtise, de la naïveté ou de l'inconscience, favorisent l'épanouissement de l'être humain.

Nos conditions idéales ne sont évidemment pas toujours aussi limpides. L'ombre encore considérable qui les enveloppe continue de former un terreau fertile pour l'apparition et le maintien de divergences éthiques entre les hommes et les cultures. À condition de ne pas se laisser abuser par la rengaine romantique et, il faut bien le dire, obscurantiste d'une certaine gauche intellectuelle, on constate cependant que cette ombre rétrécit de jour en jour. Les progrès de la biologie, de la génétique, des neurosciences, de l'ethnologie jettent un éclairage grandissant sur les circonstances optimales d'une vie riche et prospère et permettent de déterminer de manière de plus en plus précise ce qui pour l'être humain correspond à une juste hiérarchie des valeurs.

Nous disions que la « crise des valeurs » est en grande partie un faux problème. Cela ne signifie pas que l'évolution des sociétés, de la science et des

---

male ». Tenter d'asseoir l'édifice des valeurs sur notre « animalité » — forme extrême de réductionnisme naturaliste — entraînerait bien sûr des conséquences funestes.

possibilités engendrées par la technologie ne nous confrontent pas à de nouvelles questions. Mais la perte de repères, la confusion et l'apparente indétermination des valeurs qu'elles suscitent sont à mettre au compte de notre connaissance incomplète et non pas d'un relativisme de principe. Il se peut aussi que certaines questions — l'avortement, l'euthanasie, l'ingénierie génétique, pour ne citer que quelques exemples classiques — ne trouvent jamais de réponses claires. Mais la possibilité de les envisager lucidement, à la lumière des valeurs nées de notre connaissance de nous-mêmes et de la nature, sans le brouhaha et la fureur de la superstition, constitue en soi un progrès éthique important.

Les principes élémentaires, et donc les valeurs fondamentales, favorisant l'épanouissement de l'humain sont connus. Ce qui manque encore, au-delà du courage de les appliquer soi-même et, pour les États, de les faire respecter, c'est une plus grande connaissance des conditions concrètes de leur réalisation. Or, aujourd'hui, en plus du long détour de l'expérience personnelle, chacun peut bénéficier des raccourcis enseignés par la science. Il reste évidemment beaucoup à découvrir. Le plus difficile, pour ne pas dire la difficulté de vivre, se trouve dans toutes ces questions de détails, le quotidien des « choses mineures », comme dit Nietzsche, qui ne sont pas mineures du tout et au sujet desquelles la connaissance n'est pas achevée, et ne le sera peut-être jamais tout à fait. Et ce, non parce qu'au fond de tout individu résiderait un quelconque principe irréductible à la causalité naturelle, mais parce que les causalités en jeu sont riches et multiples — fonctionnement du cerveau, interactions et échanges organiques, rôle des gènes, influence des facteurs environnementaux, des relations sociales, etc. — et que leur somme forme un système complexe. Pratiquement, c'est-à-dire pour tout un chacun tentant de gouverner sa vie comme il peut, une telle complexité engendre l'illusion d'une individualité irréductible, et fait en sorte que pour nombre de questions, et malgré sa lenteur, l'expérience personnelle demeure encore la voie privilégiée. Ainsi, après avoir tenu compte des quelques lignes directrices fournies par l'histoire et la science — la liberté est préférable à l'oppression, la douceur à la cruauté, les légumes verts aux frites, etc. —, chacun est renvoyé à ses devoirs, à son doute, à sa solitude.

Dans l'océan des préjugés, des généralités impersonnelles, des abstractions idéalistes et moralisantes, les écueils sont nombreux. Comment s'y retrouver ? Nous disposons d'au moins deux guides. Le premier est le corps. Rien de nouveau et de bien sorcier ici. Pourtant ce n'est bien souvent que lorsqu'il défaille que l'on se met à son écoute. Et alors on paie cher d'avoir oublié celui par qui l'on est d'abord quelque chose. Demeurer sensible à son économie corporelle, aux conditions favorables et défavorables de son épanouissement physique (qu'on ne confondra pas avec l'objectivation du corps dans le souci narcissique de l'apparence), à ce que Nietzsche appelle « la grande raison du corps », est le premier pas vers la sagesse. On observe même chez les individus et les cultures qui entretiennent un contact étroit avec le corps que ce premier degré de la sagesse peut, jusqu'à un certain point, dispenser de l'autre, celle de la pensée. Vivre de manière incarnée, c'est du coup vivre de manière plus personnelle et, ainsi branché sur le foyer de sa propre vitalité, favoriser l'actualisation de ses forces et la réalisation de soi-même.

Mais cette sagesse a ses limites. Premièrement parce que le bien au sens du corps ne correspond pas nécessairement au plus grand bien pour nous. En tant qu'elle est issue de la sélection naturelle, la logique du corps est déterminée par des considérations qui ne sont pas toujours adaptées à la vie moderne et qui, à elles seules, sont loin d'épuiser toutes les richesses auxquelles peut aspirer l'homme civilisé. Ensuite parce que les choix que nous sommes appelés à faire au quotidien baignent dans un océan d'informations et de possibilités qui les rend beaucoup plus complexes que jadis. Dans de telles conditions, difficile de naviguer sans le secours d'un jugement éclairé.

Si l'on définit le jugement comme l'aptitude à prendre position en l'absence de savoir établi, d'évidence sensible ou de démonstration rigoureuse, on voit tout de suite son importance pour la vie pratique[7]. C'est mon guide ultime et indispensable, la condition de mon autonomie. Même la décision de limiter son influence en prenant conseil, voire de s'y soustraire entièrement en s'en remettant à l'autorité d'un livre ou d'un maître, passe par lui. Pour qui souhaite vivre sans encombre, ne pas avoir de jugement constitue un handicap majeur ; pour qui aspire à une individualité authentique, rien de moins qu'un vice rédhibitoire. Pas étonnant, comme le remarque La Rochefoucauld, que ce soit un défaut que l'on se refuse d'admettre (en partie parce qu'il faut du jugement pour le reconnaître) : « tout le monde se plaint de sa mémoire, et personne ne se plaint de son jugement[8] ». Je suis d'abord un corps, mais c'est par mon jugement que ma vie m'appartient. Pour cette raison, la plupart des écueils se fondent en un seul, qui consiste à prendre le jugement d'un autre pour le sien, à recevoir un préjugé comme le produit de sa propre réflexion.

---

7. Même dans les rares cas où la voie à suivre semble claire, il faut encore un minimum de jugement pour l'emprunter, puisque la nécessité de suivre ce qui se présente clairement n'est pas claire en elle-même. N'a-t-on pas toujours le loisir de dire : et pourquoi ne ferais-je pas autre chose ? Ce n'est pas toujours par manque de volonté qu'on choisit le pire alors qu'on a vu le meilleur.

8. *Maximes et réflexions diverses*, Paris, Gallimard, « Folio », 1976, maxime 89, p. 58.

Combien passent leur vie dans l'obéissance aveugle à telle religion, telle tradition, tel héritage familial. C'est faire dépendre son bonheur et son épanouissement de la lucidité de quelques pratiques ou sages ancestraux et, à ce chapitre, toutes les sociétés et toutes les familles ne se valent pas. Même quand elles ont amassé certains enseignements sur la nature des choses, leur savoir est modeste si on le compare à ce que nous savons aujourd'hui. Dans les sociétés modernes, « laïques et démocratiques », tout aussi nombreux sont ceux qui, souvent sans s'en rendre compte, n'osent jamais vraiment se prononcer sur rien ou qui, croyant le faire, ne font que répéter. On ouvre son propos par « moi, je pense que » et la suite ne contient qu'une série d'associations, de renvois automatiques inscrits dans la langue par l'usage et les préjugés. Si bien que, comme dit Bergson, « nous parlons plutôt que nous ne pensons[9] ».

L'exercice du jugement n'est pas automatique. Loin s'en faut. Il est illusoire de croire qu'il y aurait une chose telle qu'une faculté ou un organe du jugement qui, comme la vision, serait toujours en marche. Le jugement n'est pas une faculté, mais une pratique, une façon d'utiliser la pensée qui s'apprend et se développe dans l'expérience.

9. *Essai sur les données immédiates de la conscience*, dans *Œuvres*, Paris, PUF, 1959, p. 151.

Ce qui est automatique, en revanche, c'est la tendance à emprunter des raccourcis. Les fonctions du cerveau sont apparues pour résoudre des problèmes concrets, d'ordre pratique, où des impératifs d'efficacité et de rendement auraient été plutôt mal servis par l'analyse critique approfondie, l'évaluation abstraite des fondements, des pours et des contres, des perspectives à long terme. Ainsi l'être humain est devenu un maître de l'approximation. Qu'on en juge par la vitesse à laquelle on se forme une opinion sur autrui ou par l'effort qu'il en coûte pour suivre une longue démonstration. Ce dernier point n'est pas même démenti par les philosophes : on en trouve parfois qui ont vraiment lu Kant, rarement qui l'ont lu deux fois.

Cette tendance n'est pas absente du jugement. Il s'agit même de sa finalité. Pour trancher en l'absence de connaissance certaine, il faut tôt ou tard interrompre l'analyse, savoir faire court. Et on peut difficilement faire plus court qu'imiter les autres et se laisser conduire par les préjugés. Dans certains cas, cela peut même être avisé. Inutile de toujours réinventer la roue. Mais, encore une fois, ce mimétisme qui était adapté au monde d'hier, l'est moins à celui d'aujourd'hui, où la vie est beaucoup plus compliquée. Suivre la foule et quelques préceptes éprouvés était une sage politique quand l'existence se réduisait à l'effort de survie et que l'individu n'avait pas la possibilité d'en savoir plus que le groupe. Elle ne suffit plus maintenant. Du moins pas si on attend davantage de la vie.

Une foule de petites habitudes intellectuelles nous font passer du raccourci aveugle au jugement éclairé. On doit bien sûr apprendre de ses expériences, ce qui implique de les avoir analysées en plus de les avoir vécues. Mais, parce que la vie est courte, aussi apprendre de celles des autres, donc savoir établir des parallèles et des analogies. On doit pouvoir replacer le présent dans l'histoire, regarder loin devant et loin derrière. Pour ne pas être dupe des illusions du langage et du pseudo-savoir, on doit avoir le sens des causes et des effets réels. Pour ne pas être victime de celles du désir et de la peur, on doit se connaître soi-même. En toutes choses, on doit avoir le sens des proportions, des poids et des mesures. Un peu de culture générale et, de plus en plus, de connaissances scientifiques ne sauraient nuire non plus, ne serait-ce, comme disait Goethe, que parce qu'il est toujours préférable de savoir quelque chose. Enfin, on doit pouvoir rapporter le tout à la situation présente, c'est-à-dire, dans le langage des philosophes, penser le particulier comme contenu dans l'universel.

Mais le plus important, le pas décisif, est le saut initial hors de l'état de passivité intellectuelle : allumer le phare, découvrir qu'on dispose d'un tel pouvoir que celui de juger. La grande difficulté, ensuite, consiste à renoncer au confort et aux gratifications immédiates. Il est tellement plus facile de se donner bonne conscience, d'adapter ses croyances à ses penchants, s'en remettre à un maître vénéré, se conformer aux opinions à la mode, se plier aux attentes de la famille, du milieu de travail, de la société immédiate, en un mot de jouer le rôle auquel nous destine cette part de nous-même qui relève de la contingence. C'est plus facile et cela peut rapporter beaucoup : apaisement des doutes et de l'inquiétude, acceptation par le groupe, bonne réputation, avancement professionnel, etc. À moins de verser dans l'idéalisme dénégateur, il faut reconnaître que certains besoins y trouvent leur compte et donc qu'une telle voie n'est pas incompatible avec une vie heureuse, et peut-être moins que l'autre. Ce n'est pas une promesse de bonheur que renferme l'exercice du jugement critique et de la libre pensée, mais de prise de possession de soi-même, de souveraineté et d'autonomie intellectuelles, avec en prime l'ouverture de l'horizon et la possibilité de recevoir le monde dans sa totalité, sans les œillères, les distorsions, l'interférence de la morale et des idées reçues. À ce titre, sans être une garantie de bonheur, il est une condition nécessaire, souvent suffisante, de la naissance et de l'épanouissement de soi. Sans compter qu'il donne l'audace, d'autres diront le culot, de faire, sans justification aucune, étalage de ses idiosyncrasies.

Voici donc, en ces temps œcuméniques de rapprochement, d'inclusion, de nivellement, une petite collection rétrograde de reliefs et de séparations. Alors que la mode est au plan, à l'univers bidimensionnel des grandes surfaces, les listes qui suivent se veulent un rappel au volume, à l'épaisseur de la vie. Elles développent la troisième dimension, la hauteur, qui ne fait son apparition dans le monde qu'à travers le désir et le jugement de l'être humain. Sans eux, n'existent que des choses et des processus, l'univers plat que décrit la science, l'univers de ce qui est mais qui ne vaut pas par soi-même. Ici, en revanche, pas de science : qu'elles aient une visée ouvertement normative ou non, presque toutes ces hiérarchies traduisent des jugements de valeur. On n'y décrit, n'y explique rien. Malheureusement, on n'y apprendra pas grand-chose non plus, du moins rien qui s'apparente à une connaissance objective. Parmi toutes les objections qu'on voudra leur faire ne pourra donc figurer celle d'être fausses. Pour l'auteur, voilà qui est plutôt rassurant.

Quant aux autres objections, elles sont concédées d'avance. Non par indifférence ou détachement, mais parce que mon intention n'a jamais été de convaincre, encore moins de démontrer. Il en est une, cependant, qu'on ne manquera pas d'élever contre mes hiérarchies et à laquelle je répondrai maintenant : celle de ne représenter que la perspective singulière d'un homme, vivant à telle époque et au sein de telle société (la ténacité du relativisme !) ; bref, d'être trop personnelles pour valoir pour tous. À vrai dire, je ne demande pas mieux. En matière de sagesse pratique, c'est une grande libération que de devenir personnel. Ma crainte est plutôt de n'y être pas entièrement parvenu. Car il est difficile de l'être en tout. On s'investit tout entier dans tel domaine, on est simple figurant dans tel autre. Ici je suis aux commandes, là je me contente de suivre. Il n'en faut pas plus pour que, à notre insu, quelques préjugés s'immiscent en nous. Mais parce qu'être personnel ce n'est pas nécessairement être original, mon souhait n'est pas qu'on n'en trouve aucun dans les pages qui suivent, mais que ceux qui restent auront reçu mon assentiment.

C'est dans la mesure où j'aurai atteint mon but que ces listes pourront être d'un quelconque intérêt pour le lecteur. Il y a beaucoup de place dans un cerveau. Beaucoup de place pour du bois mort, des clichés, des formules creuses, des pensées sans vie, des jugements sans auteur, des préceptes non éprouvés, sans oublier, bien sûr, la bonne vieille morale. On croit dire ce qu'on pense alors que trop souvent ce sont ces parasites qui prennent la parole. Mais on n'est jamais complètement dupe. Car l'impersonnalité a ceci de distinctif qu'elle n'intéresse pas, pas même celui qu'elle habite. Triste spectacle que ces gens que leur propre personne ennuie. Ce qui manque à l'impersonnalité, c'est l'intensité de la vie. On approuve par habitude, on hoche paresseusement la tête en guise d'acquiescement, pour ensuite retourner à la vie concrète et à ses principes effectifs. Paroles, paroles, paroles…

Être personnel, c'est tâcher de se réapproprier sa vie, d'être à soi-même sa propre source. Non pas dans le fantasme d'une autocréation à partir du néant, mais en passant les discours au crible de son individualité. Loin de conduire à l'isolement et au fractionnement d'un quant-à-soi généralisé, ce n'est que lorsque ce travail est accompli par le plus grand nombre qu'une culture redevient vivante et féconde, lorsqu'est rétabli le contact entre la vie et la pensée. Et puisque nous appartenons à une même espèce, pour peu qu'un homme sera parvenu à exprimer sa propre vie, il pourra espérer avoir parlé pour les autres. Du moins jusqu'à un certain point. Entre le lot commun des tendances fondamentales, des valeurs partagées et les formes particulières de leur réalisation, il y a toute la distance creusée par les contingences individuelles. À chacun, donc, le loisir de compléter ou de corriger ces listes comme il veut.

Mais attention, établir ses propres hiérarchies n'est pas la même chose que réciter sa profession de foi. Il faut avoir douté, changé de peau, abandonné ses vieilles convictions pour que peu à peu apparaisse l'axe vertical du plus ou moins valable.

Comme dit Nietzsche (encore lui), « pour avoir son mot à dire sur la valeur et la non-valeur, il faut voir cinq cents convictions *au-dessous* de soi, *derrière* soi[10] … ». Les voir derrière soi, mais aussi en avoir conservé le souvenir, et pouvoir le raviver de temps à autre, le temps d'aller voir comment les choses se présentent sous cet angle-là. Il faut pouvoir dire non pas « voici les croyances, les principes, la philosophie qui forment depuis toujours le sillon de ma vie », mais plutôt « voici comment je vois les choses aujourd'hui, à partir du chantier, de l'expérience toujours ouverte de mon existence ». À ceux qui n'ont jamais douté, ni jamais vécu ainsi à l'aventure, puisse ce très modeste recueil servir de provocation.

10. *L'Antéchrist*, trad. J.-C. Hémery, Paris, Gallimard, « Folio essais », 1974, § 54, p. 74.

1.

MONDE, SOCIÉTÉ, CULTURE

Choses qui existent

1. le monde
2. ma présence
3. des différences
4. le devenir
5. des processus
6. ce que j'appelle mon corps
7. d'autres corps
8. leurs intérêts
9. l'utile et le nuisible
10. la bêtise

Choses qui n'existent pas

1. un au-delà du monde
2. le sujet
3. le Sens
4. les essences
5. des choses
6. l'âme
7. l'Homme
8. l'action désintéressée
9. le Bien et le Mal
10. le complexe d'Œdipe

Surévalué

1. le bonheur
2. la foi
3. les principes
4. le dialogue
5. l'expression
6. les émotions
7. les premières impressions
8. les intentions
9. ce qui dépend de nous
10. le temps qui reste

Surévalué (bis)

1. la nouveauté
2. la jeunesse
3. le rêve
4. le talent
5. l'opinion populaire
6. la nature
7. les voyages
8. les consensus
9. le multilinguisme
10. Platon

Sous-évalué

1. le doute
2. l'égoïsme
3. la connaissance
4. la rigueur
5. la solitude
6. les défauts
7. l'échec
8. la discorde
9. le quotidien
10. Claude Shannon

Sous-évalué (bis)

1. l'ampleur du mystère
2. de la complexité
3. de ce qui reste à découvrir
4. du hasard
5. de notre inconscience
6. du mensonge
7. de la vanité
8. de l'indifférence des autres
9. de la misère
10. de mon insignifiance

Illusions

1. la valeur
2. les fins
3. la conscience
4. le moi
5. l'importance de l'ici et du maintenant
6. la permanence
7. la liberté
8. le corps social
9. le génie
10. le bleu du ciel

Petites causes, grands effets

1. l'atome
2. le gène
3. la photosynthèse
4. la rotation de la Terre
5. le battement d'ailes du papillon (Lorenz)
6. l'idée de Dieu
7. la pilule
8. le cheveu
9. la signature
10. l'accord mineur

Petites causes, grands effets (bis)

1. l'imitation
2. la concentration
3. la répétition
4. l'effort supplémentaire
5. le mot bien placé
6. le rythme
7. la rime
8. la fleur
9. les larmes
10. le soutien-gorge

Grandes causes, petits effets

1. Dieu
2. les paroles
3. l'État
4. l'école
5. les serments
6. les remontrances
7. les muscles
8. la chirurgie esthétique
9. les spectacles populaires
10. la déconstruction

Métiers

1. scientifique
2. médecin
3. agriculteur
4. ingénieur
5. professeur
6. écrivain
7. compositeur
8. journaliste
9. architecte
10. flic

Spectacles

1. la lumière du jour
2. Hubble
3. la biosphère
4. l'Histoire
5. le grain de sable et la fleur sauvage (Blake)
6. la femme
7. la mer
8. l'avion qui décolle
9. Manhattan
10. le 100 mètres

Ennui

1. ce qu'il faut
2. tout ce qui relève de l'entretien
3. le moi des autres
4. l'utopie
5. l'antiaméricanisme
6. le « succès »
7. la plupart des choses, après 120 minutes
8. 98 % des créations artistiques et littéraires
9. 99 % des conversations
10. 99,9 % des humoristes

Grandes petites inventions

1. le signe
2. le transistor
3. le papier essuie-tout
4. l'inconscient
5. la vinification
6. le héros
7. la vache laitière
8. le coupe-ongles
9. l'heure d'été
10. le Fosbury Flop

Petites grandes inventions

1. le texte sacré
2. l'image de soi
3. le péché
4. le paradis
5. le Canada
6. le bon sauvage
7. la spéculation économique
8. éros électronique
9. la musique atonale
10. l'espéranto

En péril

1. le sens du mystère
2. l'altérité
3. l'axe vertical
4. le passé
5. le rituel
6. le lettré
7. la bêtise honteuse
8. le savoir-vivre
9. le silence
10. la nuit

Irrémédiablement perdu

1. la place de Dieu
2. l'assurance d'un avenir
3. l'innocence
4. les excuses
5. la grandeur
6. la pudeur
7. le sage
8. la distance
9. la main qui écrit
10. la langue française au Québec

Progrès

1. l'essor de la perspective naturaliste
2. l'accès au savoir et à l'information
3. l'attention portée
   aux conditions d'épanouissement du corps
4. l'entrée des affects et des émotions
   dans le champ de la science
5. l'augmentation du prix de l'ignorance
   et de la superstition
6. l'émergence d'une conscience planétaire
7. l'importance accordée à l'imagination
   comme facteur de réussite
8. le développement des biotechnologies
9. l'extension grandissante
   de la notion de prochain
10. la protection de l'enfance
    comme principe juridique

Clichés nuisibles

1. l'homme est un animal raisonnable
2. l'homme est fondamentalement bon
3. l'homme est un loup pour l'homme
4. on doit respecter les croyances de chacun
5. ne croire en rien est un vice
6. l'enfant recèle un trésor
7. les parents savent ce qui est le mieux pour leurs enfants
8. l'homme et la femme ne diffèrent que par l'anatomie
9. tout le monde a quelque chose d'intéressant à dire
10. le multiculturalisme est une richesse

Preuves que Dieu n'existe pas

1. la religion
2. le temps
3. le rien qui perce (Valéry)
4. l'incohérence du style
5. le deuxième principe de la thermodynamique
6. la maladie d'Alzheimer
7. la guêpe ichneumon (Darwin)
8. les ados
9. les verbes irréguliers
10. tout le reste

Questions sacrilèges

1. tout être humain a-t-il vraiment droit au respect ?
2. y a-t-il une différence entre les bons et les méchants ?
3. n'en va-t-il pas des cultures comme des individus : certaines ne sont-elles pas plus pauvres que d'autres ?
4. et certaines croyances tout simplement toxiques ?
5. l'attitude scientifique ne serait-elle pas synonyme de maturité de l'esprit ?
6. ferait-il mieux vivre dans un monde égalitaire ?
7. un peu de fermeture à l'autre ne serait-elle pas parfois souhaitable ?
8. l'infortune ne rend-elle pas plus injuste ?
9. les démocraties occidentales ne devraient-elles pas exercer encore plus activement leur rôle de gardiens planétaires de la paix et de la liberté ?
10. et la société, celui de protecteur du développement intellectuel des enfants en les préservant de l'endoctrinement religieux ?

Pour un monde meilleur

1. une confrontation obligatoire à sa condition de mortel par semaine
2. une psychologie scientifique
3. une pédagogie rigoureuse
4. une heure de lecture sérieuse obligatoire par jour
5. que le nez des politiciens et des prêtres allonge chaque fois qu'ils mentent
6. que manufacturiers et producteurs soient forcés d'utiliser ou de consommer leurs produits
7. une heure de bénévolat obligatoire par semaine
8. donner à la vieillesse les moyens d'une vie ascendante
9. vaincre le cancer
10. tout recommencer au Moyen-Orient

2.

CHOSES BONNES ET MAUVAISES

Choses absolument bonnes… ou presque

1. une bonne volonté (Kant)
2. la bonne fortune
3. une bonne idée
4. une bonne loi
5. le sommeil du juste
6. une bonne terre
7. une solution
8. un remède
9. une oasis
10. un as

Plaies

1. l'empire de la *bullshit*
2. celui de la raison économique
3. les prêtres en tout genre
4. le marketing
5. l'omniprésence de la sensibilité populaire dans les médias
6. le discours de la pensée « positive »
7. celui de l'« énergie », de la « motivation », de l'« activité », du rendement en tout
8. les grandes industries alimentaires
9. les rhinovirus
10. la souffleuse à feuilles

Bonnes actions

1. affirmer la vie
2. libérer
3. choisir le plus difficile
4. résister
5. se commettre
6. donner confiance
7. être dur par amour
8. se décider
9. déplaire quand il faut
10. partir quand il faut

Mauvaises actions

1. déserter son humanité
2. rendre servile
3. trahir
4. plier
5. être cruel
6. rendre honteux
7. ne pas respecter la douleur d'autrui
8. agir par dépit
9. laisser faire
10. parasiter

Cadeaux de la vie

1. un corps vigoureux
2. une bonne tête
3. un naturel joyeux
4. des parents éclairés
5. une ou deux aptitudes
6. quelques rencontres heureuses
7. quelques épreuves surmontées
8. l'insouciance
9. être né dans l'hémisphère nord
10. une belle mort

À ne pas confondre

1. la valeur et la vérité
2. l'information et le savoir
3. la conviction et l'évidence
4. l'obscurité et la profondeur
5. la cohérence et la justesse
6. le bruit et le discours
7. la liberté de penser et la pensée libre
8. afficher des valeurs et incarner des valeurs
9. la résignation et le fatalisme
10. le pessimisme et le tragique

À ne pas confondre (bis)

1. la faiblesse et la générosité
2. la pusillanimité et la fidélité
3. la besogne et le travail
4. la durée et l'intensité
5. l'entêtement et la persévérance
6. la violence et l'agressivité
7. la représentation de la puissance et la puissance effective
8. le désir et la volonté
9. le chatouillement et le désir
10. l'engourdissement et l'ivresse

Accomplissements

1. réduire la souffrance
2. une découverte scientifique
3. contribuer au progrès de la raison
4. contribuer au progrès de la justice
5. une grande œuvre littéraire
6. une grande œuvre musicale
7. des enfants épanouis
8. une invention technologique importante
9. affirmer la vie jusqu'à la fin
10. une vie heureuse

Bêtises

1. croire ce qui nous fait du bien
   parce que ça fait du bien
2. choisir ce qui nous fait du mal
3. espérer des effets différents à partir
   de causes identiques
4. ne pas s'élever contre la bêtise
5. bâcler la fin
6. remettre au lendemain
7. traiter l'enfant en adulte, l'élève en professeur
8. se flatter de compliments que l'on suscite
   par artifice
9. préférer l'épargne au plaisir
10. finir tout livre commencé

À surmonter

1. le ressentiment
2. la honte
3. la culpabilité
4. le confort
5. l'enfance
6. les étiquettes
7. la société
8. la critique
9. la pesanteur
10. toute certitude acquise avant l'âge de trente ans

Rencontres déterminantes

1. celle qui fait voir
2. celle qui brise l'inertie
3. celle qui ouvre l'horizon
4. celle qui le ferme
5. celle qui relativise ce qui passait pour absolu
6. celle qui absolutise ce qui n'est que relatif
7. celle qui est suivie d'un sentiment d'absence
8. celle qui calme l'angoisse
9. celle qui excite le désir
10. un bon garagiste

Mots importants

1. être
2. avoir
3. pourquoi
4. justice
5. liberté
6. je
7. nous
8. demain
9. merci
10. rien

Dangers

1. l'habitude
2. l'ignorance
3. l'idéalisme
4. la foi
5. la démesure
6. la peur
7. la fatigue
8. la dépendance
9. le désir de l'autre
10. le malheur de l'autre

Dangers (bis)

1. les hommes de quinze à trente-cinq ans
2. le fanatisme
3. la foule
4. l'aplanissement des différences
5. la soumission
6. ce que peut aujourd'hui un seul homme
7. le retard de la morale sur la technologie
8. l'indifférence
9. la bonne conscience
10. le pacifisme

Doux plaisirs

1. le premier toucher
2. la détente après l'effort
3. boire entre amis
4. l'endormissement
5. le réveil
6. le regard de son enfant
7. le moment parménidien d'un après-midi d'été
8. un bordeaux et le monde au bout du clavier
9. un café, un livre, le matin à la plage
10. petit qui dort, enfin

Ivresses

1. la confirmation de la réciprocité dans l'amour
2. la victoire après une dure bataille
3. l'idée fulgurante
4. la musique
5. le rétrécissement de la conscience
   aux dimensions du corps dans l'acte sexuel
6. son élargissement aux dimensions du monde
   dans la contemplation
7. les premiers jours du printemps
8. l'angoisse soudainement dissipée
   par la bonne nouvelle
9. le point final
10. le deuxième verre

Mauvaises habitudes

1. parler d'abord, réfléchir ensuite
2. se chercher
3. ruminer
4. généraliser
5. se plaindre
6. accuser
7. faire de grandes déclarations
8. se justifier
9. avoir tort
10. avoir raison

Richesses

1. la quête
2. l'imagination
3. le désir
4. la mémoire
5. le nomadisme intérieur
6. savoir être à soi (Montaigne)
7. le sentiment de la nécessité dans le cours de sa vie
8. le contentement
9. la gratitude
10. la culture

3.

Anthropologie

Étonnements

1. être
2. l'immensité
3. l'origine
4. la conscience
5. la complexité du vivant
6. la somme de travail humain
7. la virtuosité (ce que peut un corps)
8. la technologie
9. l'inconscience de la mort
10. la rareté de l'étonnement

Limites

1. le temps
2. le possible
3. le corps
4. l'imagination
5. la sensibilité
6. ma perspective
7. l'état actuel de ma connaissance
8. les plaisirs de la vie
9. le langage
10. la loi

Moyens

1. l'étendue
2. la raison
3. la science
4. la société
5. l'enfance
6. l'amour
7. la victoire, la défaite
8. la beauté
9. le cul
10. dans les faits, la plupart des hommes

Fins

1. le vécu
2. l'ordre des choses
3. la maîtrise
4. l'individu
5. l'âge adulte
6. l'extension du moi
7. la lutte
8. la fécondité
9. sans fin
10. quelques-uns

Comique

1. la nécessité visible derrière l'illusion de liberté d'autrui
2. l'éternel retour du même (surtout dans la dispute)
3. la méprise sur sa place dans l'économie du tout
4. la prétention se heurtant à la résistance des choses
5. les gens sérieux
6. les pédants (Molière)
7. l'indignation ahurie
8. l'homme faisant l'ange
9. la bête faisant l'homme
10. les golfeurs

Comique (bis)

1. le mariage
2. la prière
3. la libido mâle
4. les cours de mandarin
5. de façon générale, le citoyen dans le bazar des cultures
6. le charabia postmoderne
7. l'aristocratie des « gens d'affaires »
8. les conseils municipaux de banlieue
9. les athlètes millionnaires
10. presque tout, à bonne hauteur

Tragique

1. l'inconscience du tragique
2. l'écoulement du temps
3. être ou ne pas être, rien en dehors de cette alternative
4. la fermeture d'esprit
5. l'oubli
6. l'endoctrinement religieux des enfants
7. souffrir inutilement par ignorance
8. une vie entière enveloppée dans le voile de la superstition
9. un esprit sain dans un corps malade
10. la distance infranchissable entre deux êtres

Modes de vie

1. la puissance
2. la fuite
3. le travail
4. l'œuvre
5. l'argent
6. la famille
7. l'amour
8. le regard de l'autre
9. la connaissance
10. la totalité

Modes de vie (bis)

1. la routine
2. la névrose
3. la foi
4. le cynisme
5. la consommation
6. l'alcool
7. le sexe
8. la bouffe
9. l'homéostasie
10. le néant

Impasses

1. être
2. ici et maintenant
3. le passé
4. le caractère
5. la bêtise (quand on est con, on est con)
6. l'angoisse
7. le couple
8. le judaïsme
9. l'Afrique
10. le costume-cravate

Peurs

1. de la mort
2. de la vérité
3. de la souffrance
4. de l'autre
5. du hasard
6. de l'effondrement
7. de perdre l'amour
8. d'atteindre ses limites
9. de regarder au loin
10. de regarder en soi

Drogues

1. le moi
2. le désir de l'autre
3. le travail
4. le déni
5. la rationalisation (Benedek, Kasdan)
6. les autres formes du mensonge
7. le sentiment de la résistance surmontée
8. l'espoir
9. la musique
10. le web

Puissances

1. l'idée
2. la beauté
3. le savoir
4. la vitalité
5. l'assurance
6. la rhétorique
7. la réputation
8. l'image
9. l'argent
10. le désespoir

Vertus

1. la joie de vivre
2. la liberté d'esprit
3. la justice
4. le courage
5. la persévérance
6. l'honnêteté envers soi
7. le respect de soi
8. la générosité
9. le sens de l'humour
10. la discipline

Vertus ambiguës

1. l'amour
2. la prudence
3. la bonté
4. la tolérance
5. la tempérance
6. la patience
7. la fidélité
8. l'humilité
9. la compassion
10. la gentillesse

Signes de faiblesse

1. la mauvaise humeur
2. la passivité
3. la susceptibilité
4. la rancœur
5. l'irrésolution
6. le pessimisme
7. la suggestibilité
8. la complaisance
9. le fait de céder à toute sollicitation
10. le souci de la force

Oiseaux rares

1. l'âme magnanime
2. l'individu authentique
3. l'honnête homme
4. la lucidité
5. la grâce
6. l'inspiration
7. l'action non équivoque (Mamet)
8. la « croissance personnelle »
9. l'évolution des positions
   dans une conversation
10. le sans-faute

Indéterminable

1. suis-je maître ou esclave ?
2. suis-je bon ou méchant ?
3. suis-je juste ou injuste ?
4. suis-je conscient ou inconscient ?
5. est-ce que je comprends ou suis-je compris ?
6. suis-je ordinaire ou extraordinaire ?
7. aurais-je pu faire mieux ou pas ?
8. est-ce une bonne ou une mauvaise chose ? (conte zen)
9. est-ce le début ou la fin ?
10. le temps passe-t-il vite ou lentement ?

Sur une île déserte

1. eau, allumettes, canne à pêche, etc.
2. si possible un labrador,
   sinon les *Essais* de Montaigne
3. Chopin le matin, les Français l'après-midi,
   les Allemands le soir
4. papier, crayon
5. quelques problèmes mathématiques…
   ou des mots croisés
6. du whisky
7. du Prozac
8. *Les frères Karamazov* (question de le finir)
9. un enregistrement des Expos
   contre les Padres
10. une capsule de cyanure

4.

Vues d'ensemble

Évidences

1. Dieu n'existe pas
2. l'esprit est un produit de l'activité cérébrale
3. l'être humain est le fruit de l'évolution
4. la vie est un ensemble de processus physico-chimique
5. le langage sert à cacher autant qu'à dire
6. n'en déplaise à Descartes, le bon sens n'est pas la chose du monde la mieux partagée
7. la plupart des hommes préfèrent le rêve à la réalité
8. l'homme sera dépassé
9. nous serons le Moyen âge de l'avenir (à moins que…)
10. un attentat cataclysmique est inéluctable

Autres désillusions

1. la banalité du mourir en regard de la tragédie de la mort
2. le silence du monde
3. le désir réalisé
4. la fragilité du bonheur
5. la portée limitée de la prudence
6. la vanité de toute promesse
7. les effets de l'amour
8. le passage de l'amour à l'indifférence
9. le meilleur ne vient jamais
10. avec le temps, va, tout s'en va (Ferré)

Grandes idées

1. toute chose est ce qu'elle est parce qu'elle est devenue ainsi (Héraclite revu par D'Arcy Thompson)
2. la diversité et la complexité du vivant sont le produit de l'évolution par sélection naturelle (Darwin)
3. la nature est écrite en langage mathématique (Galilée)
4. la Terre n'est pas le centre de l'univers (Copernic)
5. l'homme est né libre (Rousseau)
6. l'homme n'est pas un empire dans un empire (Spinoza)
7. le monde est non seulement plus étrange qu'on ne l'imagine, mais plus étrange qu'on ne peut l'imaginer (J. B. S. Haldane)
8. l'innocence du devenir (Héraclite revu par Nietzsche)
9. nos vertus ne sont, le plus souvent, que des vices déguisés (La Rochefoucauld)
10. la machine de Turing (Alan Turing)

Questions importantes

1. et maintenant ?
2. que me faudrait-il encore savoir ?
3. qu'adviendra-t-il si je persiste dans la même voie ?
4. est-ce bien *ma* volonté ?
5. quel est le but ?
6. je monte ou je descends ?
7. sont-ce mes forces ou mes faiblesses qui parlent ?
8. et si j'avais tort ?
9. toi, mon corps, comment te portes-tu ?
10. que dira mon enfant quand il sera grand ?

Questions secondaires

1. combien ?
2. qui suis-je ?
3. suis-je heureux ?
4. ma vie a-t-elle un sens ?
5. suis-je assez… ?
6. est-ce conforme ?
7. veux-tu m'épouser ?
8. que faites-vous dans la vie ?
9. quoi de neuf ?
10. squelette ou cendres ?

Décisions importantes

1. les lectures
2. les fréquentations
3. le lieu de résidence
4. le régime alimentaire
5. faire le premier pas ou non
6. poursuivre ses études ou non
7. avoir des enfants ou non
8. démissionner ou non
9. rompre ou non
10. consulter ou non

Indispensable

1. le goût de la vie
2. un effort dirigé
3. la possibilité d'améliorer son sort
4. la possibilité de l'amour
5. l'État de droit
6. digérer
7. dormir
8. un minimum de sociabilité
9. un peu de chance
10. la mayonnaise

Ce qui s'apprend

1. la négation de la mort
2. ce qui compte aux yeux des autres
3. la mauvaise conscience
4. ce qu'on sait
5. la culture
6. le raisonnement
7. le respect de l'autre
8. l'obéissance
9. les manières
10. les usages

Ce qui ne s'apprend pas

1. le mourir (processus)
2. ce qui compte le plus
3. l'innocence
4. ce qui reste à découvrir
5. l'esprit
6. le discernement
7. le respect de soi
8. le commandement
9. la distinction
10. le style

Facile

1. la parole
2. le plaisir
3. moraliser
4. consommer
5. commencer
6. les catégories
7. admettre un vice
8. recevoir
9. la paix
10. la philosophie

Difficile

1. la pensée
2. la joie
3. comprendre
4. créer
5. finir
6. les nuances
7. admettre une faiblesse
8. prendre
9. la guerre
10. la vie

Causes de l'échec

1. l'ignorance
2. l'abstraction
3. la peur
4. les nerfs
5. la conscience
6. le manque de souffle
7. le manque de méthode
8. l'infortune
9. l'érosion de la durée
10. la gravité

Injonctions

1. *sapere aude* (Horace revu par Kant)
2. *amor fati* (Nietzsche)
3. chante la vie (Delanoë ; Fugain)
4. *speak as you think, be what you are* (Emerson)
5. *caute* (Spinoza)
6. *carpe diem* (Horace)
7. *just do it* (Nike)
8. regarde (Colette)
9. *lose yourself* (Eminem)
10. attendons la fin (La Fontaine)

Épitaphes

1. Louis Godbout, 1965-2065
2. *Es sei wie es wolle, es war doch so schön*[1]
— Goethe (fictive)
3. Car il n'est si beau jour qui n'amène sa nuit
— Jean d'Orbesan
4. *I thought that love would last for ever :*
I was wrong[2] — W.H. Auden (fictive)
5. Je quittai la vie comme Ulysse quitta
Nausicaa : avec plus de reconnaissance
que d'amour — Nietzsche (fictive)
6. Ci-gît Hercule-Savinien /
De Cyrano de Bergerac, /
Qui fut tout, et qui ne fut rien
— Edmond Rostand (fictive)
7. *I had a lover's quarrel with the world*[3]
— Robert Frost
8. S = k log W — Ludwig Boltzmann

1. Peu importe comme cela fut, ah ! que ce fut beau.
2. Je croyais que l'amour durerait toujours : j'avais tort.
3. J'eus une querelle d'amour avec le monde.

9. *Going, going, gone*[4] !
—Babe Ruth (fictive, inspirée par Corbeil)

10. *That's one small step for mankind,*
one giant leap for me[5]
— Neil Armstrong (fictive)

4. Elle part, part, elle est partie !

5. Un petit pas pour l'humanité, un bond de géant pour moi.

Devant la vie

1. émerveillement
2. amour → ♀
3. gratitude
4. précarité
5. contingence
6. urgence
7. souci
8. mélancolie
9. vertige
10. quelque chose manque

Recettes de bonheur

1. Un oui, un non, une ligne droite, un but (Nietzsche)
2. un travail réglé et des victoires après des victoires (Alain)
3. trouver quelque chose de plus important que soi et y consacrer sa vie (Dennett)
4. persévérer dans le malheur et se découvrir plus fort que lui
5. le bonheur aime l'action
6. il fleurit en silence, à l'ombre
7. il est un excédent
8. il a ses limites
9. on n'a pas besoin du bonheur
10. le bonheur n'est pas un gâteau

Se rappeler de temps à autre

1. sa place dans le temps et l'espace
2. que tout ne tient qu'à un fil
3. tout ce que sa vie doit à quelques rencontres fortuites
4. que tout pourrait être autre
5. que rien ne pourrait être autre
6. que personne ne choisit d'être ce qu'il est
7. que les apparences sont trompeuses
8. le bonheur qui nous vient des autres
9. que ma vie est ma chance
10. que le temps file

Et si

1. nous avions tout faux ?
2. je pouvais effacer une journée de ma vie ?
3. je devais mourir demain ?
4. on m'offrait la possibilité d'être immortel ?
5. de tout savoir ?
6. je disposais de l'anneau de Gygès ?
7. il n'y avait ni méchanceté, ni bêtise, ni souffrance dans le monde ?
8. tout le mystère n'était qu'un effet de perspective ?
9. c'était tout ?
10. j'étais fou ?

Sagesse

1. regarder l'existence en face
2. savoir se déprendre de soi
3. n'abandonner sa raison à personne
4. cultiver le sens de la réalité
5. avoir une idée de l'ampleur de son ignorance
6. connaître ses conditions favorables
7. être à la fois dur et indulgent envers soi-même et les autres
8. choisir ses combats
9. reconnaître que tout ce qui est beau est difficile (Spinoza)
10. et donc aussi, comme le laboureur, que le travail est un trésor

Les noms de la vie

1. *A tragedy full of joy* (Malamud)
2. Valse triste (Sibelius)
3. *A walking shadow* (Shakespeare)
4. *Divina commedia* (Dante)
5. Différence et répétition (Deleuze)
6. Hasard et nécessité (Monod)
7. Éros et thanatos (Freud)
8. *Odusseia* (Homère)
9. Le Bateau ivre (Rimbaud)
10. *It goes on* (Frost)

TABLE DES MATIÈRES

Éditions Liber
2318, rue Bélanger, Montréal, Québec, H2G 1C8
téléphone : 514-522-3227 ; télécopie : 514-522-2007
site : www.editionsliber.com ; courriel : info@editionsliber.com

MIXTE
Papier
FSC FSC® C100212

Ce deuxième tirage a été
achevé d'imprimer en janvier 2020
sur les presses de l'imprimerie Gauvin
Gatineau, Québec